BOEKANALYSE

AF142010

Een

Midzomernachtdroom
· · · · · · · · · · · · · · · ·

WILLIAM SHAKESPEARE

BOEKANALYSE

Geschreven door Claire Cornillon
Vertaald door Nikki Claes

Een
Midzomernachtdroom

WILLIAM SHAKESPEARE

WILLIAM SHAKESPEARE

ENGELS DICHTER EN TONEELSCHRIJVER

- **Geboren in Stratford on Avon in 1564**

- **Overleden in 1616**

- **Opmerkelijke werken:**

  - *A Midsummer Night's Dream* (1592-1595), komedie

  - *Richard de Derde* (1592-1595), historisch drama

  - *Hamlet* (1595-1600), tragedie

William Shakespeare was een toneelschrijver en dichter, geboren in 1564. Hij is een van de grote namen in de Engelse literatuur, het meest bekend om zijn Elizabethaanse toneel-stukken, zo genoemd naar Koningin Elizabeth de Eerste (1558-1603) die regeerde ten tijde van hun creatie. Twijfels over zijn historische bestaan zijn nu grotendeels weerlegd, hoewel bepaalde periodes van zijn leven voor historici een mysterie blijven. Zijn 37 toneelstukken worden over het alge-meen in vier categorieën verdeeld: de historische drama's zoals *Richard III,* komedies zoals *Een Midzomernachtdroom*, tragedies zoals *Hamlet* en zijn laatste toneelstukken zoals *The Tempest*. In de jaren 1600 werd Shakespeare's theaterge-zelschap beschouwd als een van de beste in Londen en was gevestigd in het Globe Theatre. Shakespeare stierf in 1616.

EEN MIDZOMERNACHT SDROOM

DE BEDWELMENDE MIX VAN LIEFDE EN MAGIE

- **Genre:** komedie

- **Referentie uitgave:** Shakespeare, W. (1922) *A Midsummer Night's Dream.* Thurber, S. en Mille, A.B. eds. Massachusetts: Norwood Press, pp. 1-77.

- **Eerste uitgave:** 1592-1595

- **Thema's:** liefde, magie, drama, het bovennatuurlijke

Een Midzomernachtdroom is een luchtige komedie, geschreven tussen 1592 en 1595. Het stuk vertelt het verhaal van de romantische tegenslagen van twee echtparen wier leven wordt bemoeilijkt door magische wezens, bestuurd door Titania en Oberon, en een groep amateuracteurs (The Mechanicals) die een toneelstuk willen opvoeren op de bruiloft van de hertog. Uiteindelijk zijn liefde en magie in harmonie en loopt alles goed af. Shakespeare's sprankelende plot zit vol actie en nodigt zijn publiek uit om deel te nemen aan een luchtige maar zeer reële reflectie op illusie en theater. Het stuk is illustratief voor de vrijheid die Shakespeare uitoefent in zijn werken, door zijn personages onder te dompelen in een wereld van fantasie.

SAMENVATTING

AKTE I

Hertog Theseus van Athene wil over vier dagen met Hippolyta trouwen. Egeus komt de hertog om hulp vragen bij het oplossen van een familiekwestie. Zijn dochter Hermia is verloofd met Demetrius, maar weigert te trouwen omdat ze verliefd is op Lysander.

> *"Zo zal ik groeien, zo leven, zo sterven, mijn heer,*
> *Eer ik mijn maagdelijk patent op*
> *Tot zijn heerschappij, wiens ongewenste juk...*
> *Mijn ziel stemt niet toe om soevereiniteit te geven" (Act I Scene I, p. 4)*

Theseus beslecht het debat in het voordeel van Egeus en zegt tegen Hermia:

> *"Neem de tijd om te pauzeren; en, bij de volgende nieuwe maan--*
> *de verzegelingsdag tussen mijn liefde en mij,*
> *voor een eeuwigdurende band van gemeenschap--*
> *Op die dag bereid je voor om te sterven*
> *voor ongehoorzaamheid aan je vaders wil,*
> *of anders om te trouwen met Demetrius, zoals hij wilde;*
> *of op Diana's altaar te protesteren*
> *voor eeuwig soberheid en alleen leven." (Act I Scene I, p. 4)*

Lysander onthult dat Demetrius de liefde heeft bedreven met Helena, maar zijn argumenten blijven ongehoord. De twee jonge geliefden Lysander en Hermia plannen een geheime ontmoeting in het bos om er samen vandoor te gaan. Helena is eigenlijk verliefd op Demetrius, maar hij heeft zijn zinnen gezet op zijn verloofde Hermia. Uit wrok besluit ze de plannen van Hermia en Lysander te onthullen.

Ondertussen komt een groep amateuracteurs bijeen in de werkplaats van Peter Quince om het stuk voor te bereiden dat ze willen opvoeren op de bruiloft van Theseus en Hippolyta – de "jammerlijke komedie en wrede dood van Pyramus en Thisby" (Act I, Scene II, p. 11). Ze wijzen rollen toe en spreken af om in het bos te repeteren.

ACTE II

Deze bossen, niet ver van Athene, worden namelijk bevolkt door feeën en magische wezens. Bij het vallen van de avond op een bemoste open plek maken de feeënkoning en -koningin Oberon en Titania ruzie. Koning Oberon wil Titania's wisselkind in dienst nemen; zij weigert. De koningin beschuldigt Oberon ervan verliefd te zijn op Hippolyta en hij op zijn beurt beschuldigt haar ervan Theseus te houden.

Oberon besluit wraak te nemen op Titania en stuurt zijn "sluwe en sluwe geest" (Act II, Scene I, p. 15) Puck om een bepaalde bloem te plukken die kan worden gebruikt om een krachtig liefdesdrankje te brouwen dat "op slapende oogleden gelegd / een man of vrouw waanzinnig verliefd zal maken / op het volgende levende wezen dat het ziet." (Act II Scene I, p. 19)

Nu hij onzichtbaar is, ziet koning Oberon hoe Demetrius Helena's avances afwijst en haar berispt. Hij beveelt Puck het sap op Demetrius' oogleden te smeren om hem verliefd op haar te maken, terwijl hijzelf doet met Titania. Puck verwart echter Demetrius en Lysander, en Lysander, echt verliefd op Hermia, wordt smoorverliefd op Helena.

AKTE III

Quince en zijn groep amateuracteurs repeteren onder de eikenbomen in het bos en bespreken de beste manier om maanlicht en een muur theatraal uit te beelden:

> *"Een of andere man moet Muur voorstellen: en laat hem wat gips, of wat leem, of wat ruw gegoten om zich heen hebben, om muur te betekenen; en laat hem zijn vingers zo vasthouden, en door die spleet zullen Pyramus en Thisby fluisteren." (Bottom, Act III Scene I, p.30)*

Puck kijkt naar hen en ziet Bottom, een van de acteurs. Hij besluit een truc met hem uit te halen om de draak te steken met zijn naam en gebruikt magie om hem een ezelskop te geven. Als ze de pas getransformeerde Bottom in het oog krijgen, vluchten de andere acteurs van schrik. Titania wordt door het gezang van Bottom uit haar liefdesdrank-slaap gewekt en wordt onmiddellijk verliefd op hem. Ze neemt hem mee.

Oberon ziet de fout van Puck in en zet het recht, waardoor Demetrius ook verliefd wordt op Helena. Lysander en Demetrius vechten om Helena's liefde en Hermia raakt totaal in de war en wordt wreed afgewezen door haar minnaar Lysander. Ze maken allemaal ruzie met elkaar, geleid door de ondeugende manipulatie van Puck, en gaan uiteindelijk hun eigen weg en slapen in verschillende delen van het bos.

AKTE IV

Oberon heeft zijn oorspronkelijke doel bereikt en de wisselende jongen meegenomen. Daarom bevrijdt hij Titania van de betovering. Theseus, Egeus en Hippolyta vinden de twee paren slapend in het bos. Als Bottom wakker wordt, is ook zijn betovering opgeheven en concludeert hij dat hij gedroomd moet hebben. Hij gaat terug naar Athene om de andere acteurs te ontmoeten.

AKTE V

Na de bruiloft van Theseus en Hippolyta in hun paleis in Athene, vraagt Theseus om voorstelling van Pyramus en Thisby te zien, ondanks dat Philostrate hem heeft gewaarschuwd dat de cast lachwekkend amateuristisch is.

> *"Ik zal dat stuk horen,*
> *want er kan nooit iets verkeerd zijn,*
> *als eenvoud en plicht het toelaten.*
> *Ga, breng ze binnen en neem uw plaatsen in dames."*
> *(Acte V, Scene I, p. 65)*

De acteurs voeren Pyramus en Thisby op voor een publiek van Theseus, Hippolyta, Demetrius, Lysander, Hermia en Helena. Zij vinden het stuk, dat een tragedie zou moeten zijn, buitengewoon amusant, waarbij Hippolyta uitroept: "Ik heb ontzag voor deze maan: zou hij maar veranderen!" (Akte V, Scène I, p. 71).

Als het stuk is afgelopen, verschijnen Puck, Oberon en Titania opnieuw voor een laatste lied en dans om hun zegen te geven aan de drie gelukkige paren, waarbij ze zingen: "Zo zullen alle paren drie / eeuwig trouw in liefde zijn" (Akte V, Scène I).

KARAKTERSTUDIE

DEMETRIUS, HELENA, LYSANDER EN HERMIA...

Deze twee jonge koppels staan centraal in de plot. Demetrius is verloofd met Hermia, maar zij is verliefd op Lysander. Ondertussen is Helena wanhopig verliefd op Demetrius, die haar hardhandig afwijst. In de eerste scène wordt het publiek verteld dat de twee mannen een vergelijkbaar fortuin en sociale status hebben. Hun karakters verschillen echter: Lysander is trouw en betrouwbaar, Demetrius is flirteriger.

Hermia is opstandig en negeert de wensen van haar vader Egeus, klaar om weg te lopen met haar minnaar Lysander. De mooie Helena klaagt voortdurend over haar lot in het leven en vergelijkt zichzelf met Hermia: "De rest zou ik geven om voor jou vertaald te worden." (Akte I, Scène I, p. 8)

EGEUS, THESEUS EN HIPPOLYTA

Egeus is de incarnatie van een klassiek personage dat in de hele theatergeschiedenis voorkomt, van de Romeinse drama's tot Molière: de vader die zijn dochter tegen haar wil probeert uit te huwelijken. Hij vertegenwoordigt dus recht en gezag in zijn weigering rekening te houden met de gevoelens en wensen van zijn dochter, zoals blijkt uit zijn woorden:

> *"Ik vraag het oude privilege van Athene,*
> *als ze van mij is, mag ik over haar beschikken:*
> *Dat zal ofwel aan deze heer zijn,*
> *ofwel aan haar dood, volgens onze wet.*
> ..
> (Act I, Scene I, p. 3)

Hij roept de hulp in van Theseus, die ook gezag en publiek recht vertegenwoordigt; hij is het die de ruzie beëindigt. Hij en Hippolyta, een karaktervolle vrouw die in de loop van het stuk zijn vrouw wordt, vormen samen het ideale paar en overzien alle actie. De jonggehuwden niet bang om in het volle zicht ruzie te maken tijdens het optreden van de amateurtoneelspelers in de slotscène.

TITANIA EN OBERON

De feeënkoning en -koningin vormen samen een fantastische parallelle versie van de eerder genoemde Theseus en Hippolyta. Hun relatie is echter veel turbulenter. Terwijl Titania net zo machtig is als Hippolyta, is het Oberon die de regels van het spel bepaalt en magische trucs uithaalt met de koningin.

Hun voortdurende geschillen beïnvloeden de orde van de wereld om hen heen; als zodanig liggen bovennatuurlijke krachten aan de basis van verstoringen in de zichtbare wereld, zoals hier blijkt: "And thorough this distemperature we see / The seasons change" (Titania, Act II Scene 1, p. 17). Hun verzoening is daarom onvermijdelijk, zodat zij de nieuwe verbintenissen kunnen zegenen en hun geluk in hun magische zorg kunnen opnemen.

PUCK

Puck, of Robin Goodfellow, is naar eigen zeggen een "vrolijke zwerver van de nacht" (Act II, Scene 1, p. 15). Hij fungeert als katalysator voor alle actie in *Een Midzomernachtdroom*. Hij houdt ervan mensen voor de gek te houden en maakt vaak fouten, zoals het verwarren van Demetrius en Lysander. Puck is zijn eigen meester, zoals blijkt uit de truc die hij uithaalt met Bottom. Zijn fantasie en grillen drijven de hele plot. Hij herstelt echter net zo snel de aangerichte schade, waardoor het stuk door en door komisch blijft en geen tragedie wordt.

DE MECHANICALS

De Mechanicals – zo genoemd door Puck – zijn een groep ambachtslieden die besluiten een toneelstuk op te voeren ter ere van het huwelijk van de hertog en zijn een eindeloze bron van komedie in *Een Midzomernachtdroom*. Ze worden geleid door de timmerman Peter Quince en zijn rivaal Nick Bottom, die hem voortdurend overtreft en zijn ideeën en flamboyante persoonlijkheid oplegt aan de rest van de groep en de productie. Bottom ziet zichzelf als een ware artiest, een groot acteur die elke rol zou moeten spelen – zelfs die van Thisby. Hij heeft overal een mening over en dwingt zijn medespelers gemakkelijk om zich aan zijn ideeën te houden, waarbij Quince weinig weerstand biedt.

Zij hebben een naïeve kijk op het theater en alles goed uit om de angst van de dames weg te nemen; het is in feite geen leeuw maar een acteur vermomd als leeuw! Het volgende personage dat zich aandient is de Muur:

*"In ditzelfde intermezzo gebeurt het dat
ik, een Snout genaamd, een muur presenteer;
en zo'n muur, zoals ik je wil laten denken,
met een gat of spleet erin,
waardoor de geliefden, Pyramus en Thisby, vaak in het geheim
fluisterden."*
(Acte V, Scene 1, p. 67-68)

ANALYSE

DE PLOT: COMPLEX EN TOCH LUCHTIG

Hoewel *Een Midzomernachtdroom* een kort toneelstuk is, met elk van de vijf bedrijven met slechts één of twee scènes, wordt het publiek toch geconfronteerd met talrijke personages en een complex plot dat resulteert in werkelijk komische complicaties. In het stuk verandert Shakespeare de traditionele liefdesdriehoek in een grondig, gecompliceerde vierhoek van romantiek en intriges.

Het verhaal begint niettemin als een klassieke tragedie: een vader dwingt zijn dochter tot een ongewenst huwelijk, zij gedwongen om ofwel haar leven te riskeren ofwel zich te onderwerpen aan een leven van religieuze dienstbaarheid. Als zodanig steekt het dilemma tussen liefde en plicht de kop op, maar dat wordt al snel overschaduwd door de magische avonturen die volgen; het wordt al snel duidelijk dat alles uiteindelijk goed afloopt. Al in de eerste scène geeft Theseus aan dat hij geweld en tragedie achter zich wil laten en zichzelf en zijn aanstaande vrouw wil onderdompelen in vrolijkheid en plezier.

> *"Hippolyta, ik maakte u het hof met mijn zwaard,*
> *en won uw liefde door u te verwonden;*
> *maar ik zal u trouwen in een andere sleutel,*
> *met pracht en praal, met triomf en met feest." (Act I, Scene 1, p. 2)*

Shakespeare is niet tevreden met de vorming van slechts twee gelukkige in het hele stuk, maar laat de verzoening van een derde toe – Titania en Oberon. Theseus en Hippolyta heersen over alle intriges van het stuk, als het evenwichtige, ongestoorde modelpaar. Het stuk wemelt dus van de koppels, met elkaar verstrengeld in een magisch web van misverstanden en transformaties.

Het stuk is in zekere zin drieledig: het presenteert tegelijkertijd de echte wereld, de magische wereld en de fictieve wereld van het stuk van Quince. In de slotscène botsen alle drie de werelden in een happy end.

De situationele komedie die uit de complexe plot voortvloeit, wordt alleen maar versterkt door het komische potentieel van bepaalde individuele personages zoals Bottom, Puck en het optreden van de amateuracteurs in de slotscène. Het gezelschap van Quince transformeert per ongeluk de betekenis van de tekst en heeft tijdens de repetities geen idee wanneer ze hun tekst moeten zeggen. Zo blijft het stuk overwegend lichtvoetig zonder het tragische potentieel van de verhalen die het vertelt uit te buiten, zoals vaak het geval kan zijn bij komedies. Hermia wordt bijvoorbeeld bruut afgewezen door haar liefde, maar hoeft alleen maar in slaap te vallen om wakker te worden met een happy end. Ook Bottom draagt een ezelskop, maar in plaats van te lijden onder deze jammerlijke toestand, belandt hij in de aangename situatie dat hij door de feeënkoningin wordt verwend voordat hij wakker wordt en denkt dat het allemaal een droom is.

MAGIE EN HET BOVENNATUURLIJKE

Het stuk draait om de interactie tussen en de botsing van twee werelden: de echte wereld en het feeënrijk. Terwijl het paleis van Theseus de eerste belichaamt, is het bos een manifestatie van de tweede. Alle hoofdpersonen gaan naar het bos en doorkruisen zo de grenzen tussen de twee werelden. Ze betreden een universum waar magie en fantastische avonturen aan de orde van de dag zijn; waar men kan verwachten in een ezel te veranderen of betoverd te worden door een krachtige liefdesdrank.

In *Een Midzomernachtdroom speelt* het bovennatuurlijke een goedaardige rol, in tegenstelling tot de meer dreigende manifestatie ervan met de heksen in *Macbeth*. Hier slijten de betoveringen snel en kunnen de fouten gemakkelijk hersteld worden, zoals Puck laat zien:

> *"Op de grond,*
> *Slaap zacht:*
> *Ik zal*
> *Op je oog,*
> *Gentle lover, remedie."* (Act III, Scene II, p. 51)

De feeën, Oberon en Puck in het bijzonder, zijn ondeugend maar niet kwaadaardig, waardoor het publiek zich kan afvragen of alles wat ze net gezien hebben wel echt gebeurd is. Het bos biedt de personages een magisch intermezzo waardoor alles weer goed komt en ze een handje geholpen worden op weg naar hun happy end. Aan het eind wordt iedereen wakker alsof ze gedroomd hebben, niet wetend of wat ze net hebben meegemaakt echt of denkbeeldig was. Bottom weet zeker dat het laatste moet zijn:

> *"Ik heb een zeer zeldzaam*
> *visioen gehad. Ik heb een droom gehad, waarvan de mens niet kan zeggen...*
> *te zeggen welke droom het was"* (Act IV, Scene 1, p. 59)

HET TONEELSTUK IN EEN TONEELSTUK

Een Midzomernachtsdroom is ook een toneelstuk over het theater zelf. Zoals in andere Shakespeariaanse drama's zoals *Hamlet*, toont dit werk een toneelstuk in een toneelstuk: *De meest betreurenswaardige komedie, en meest wrede dood van Pyramus en Thisby.* Dit zou een tragedie moeten zijn over de dood van twee geliefden, maar Quince en zijn amateurgezelschap slagen erin er een komedie van te maken door hun verkeerde interpretatie van de tekst en hun hilarische enscenering. Ondanks het belachelijke karakter ontbreekt het niet aan fantasie. Theseus meent dat deze verbeeldingskracht gedeeld wordt door de gek, de minnaar en de dichter:

> *"Dat is, de gek: de minnaar, al even uitzinnig,*
> *ziet Helen's schoonheid in een voorhoofd van Egypte.*
> *Het oog van de dichter, in fijne razernij rollend,*
> *kijkt van hemel naar aarde, van aarde naar hemel;*
> *En als verbeelding*
> *de vormen van onbekende dingen*
> *voortbrengt*
> *,*
> *verandert*
> *de pen van de dichter*
> *ze in vormen en geeft het luchtige niets*
> *een lokale woonplaats en een naam." (Acte V, Scene 1, p. 62)*

Wat alle personages bindt, of ze nu geliefden of acteurs zijn, is de verbeelding die ze delen. Ook Helena onderstreept deze eigenschap: "Dingen onedele en verachtelijke, die geen hoeveelheid vouwen, / Liefde kan omzetten in vorm en waardigheid / Liefde kijkt niet met de ogen, maar met de geest" (Akte I, Scène 1, blz. 10).

Een debat tussen de personages, met name Theseus en Hippolyta, over de kwestie van de illusie legt de ware vraag bloot de kern vormt van het stuk zelf:

> "De beste van deze soort zijn slechts schaduwen; en de slechtste zijn niet slechter, als de verbeelding ze verbetert." (Theseus, akte V, scène I, p. 70)

Hippolyta's antwoord is de sleutel:

> "Dan moet het jouw verbeelding zijn, en niet die van hen." (Acte V Scene 1, p. 70).

Theatrale illusie speelt niet alleen een rol op het toneel, maar is iets dat door het hele stuk heen loopt. De regisseurs Puck en Oberon onderwerpen alle andere personages aan de krachtige illusie die zij construeren. Op een bepaald moment neemt Oberon de rol van onzichtbare getuige op zich wanneer hij Helena en Demetrius ontmoet – dit is een rol waarmee elk publiek zich kan identificeren. Vervolgens neemt hij de rol van regisseur op zich door de plotontwikkeling rechtstreeks te beïnvloeden: hij beveelt Puck de toverdrank op Demetrius te gebruiken. Evenzo observeert Puck in stilte de amateuracteurs en besluit Bottom te betoveren. Zo splitst het toneel zich in tweeën, waarbij de personages als toeschouwers fungeren en zich alleen van het publiek onderscheiden doordat zij de actie kunnen beïnvloeden. Over het geheel genomen kan dit worden gezien als een metafoor voor de mogelijkheden van toneel en theater.

Het is dan ook niet verwonderlijk dat Puck het stuk afsluit door zich rechtstreeks tot het publiek te richten. In de laatste regels spreekt hij woorden uit die van de acteur zelf lijken te komen en niet van het personage:

"Als we schaduwen hebben beledigd,
denk dit, en alles is hersteld,
Dat je hier
alleen maar sliep
terwijl deze visioenen verschenen.
En dit zwakke en nutteloze thema,
niet meer dan een droom" (Act V, Scene II, p. 76-77)

Was het niet Shakespeare zelf die de volgende beroemde woorden schreef in zijn toneelstuk *As You Like It*?

"De hele wereld is een toneel, en alle mannen en vrouwen zijn slechts
spelers; ze hebben hun uitgangen en hun ingangen, en één man speelt in
zijn tijd vele rollen" (Act II Scene VII).

VERDERE REFLECTIE

ENKELE VRAGEN OM OVER NA TE DENKEN...

- Egeus belichaamt een klassieke rol die al sinds de oudheid in het theater bestaat. Welke rol is dit? Kun je soortgelijke personages in andere toneelstukken bedenken?

- Respecteert dit stuk de klassieke eenheidsregel en de fatsoensregel? Motiveer uw antwoord.

- Op welke manier(en) is Puck het storende element in de plot?

- Op welke manier(en) lijkt het begin van het stuk op een tragedie?

- Waarom wordt het stuk tripartiet genoemd?

- Welke soorten komedie gebruikt Shakespeare in het stuk?

- Vergelijk de rol en het gebruik van het bovennatuurlijke in *Een Midzomernachtdroom en Macbeth*.

- Beschrijf hoe Shakespeare het toneelstuk-in-een-spel gebruikt als literair middel.

- Hoe is theatrale illusie een thema dat door het hele stuk loopt?

VERDER LEZEN

REFERENTIE-UITGAVE

Shakespeare, W. (1922) *A Midsummer Night's Dream.* S. Thurber en A.B. Mille, eds., Massachusetts: Norwood Press, pp. 1-77.

AANPASSINGEN

A Midsummer Night's Dream. (1999) [Film]. Michael Hoffman. Dir. USA: Fox Searchlight Pictures.

*We horen graag van jou! Laat
een reactie achter op jouw online bibliotheek
en deel je favoriete boeken op social media!*

De uitgever garandeert de betrouwbaarheid van de gepubliceerde informatie, die echter niet onder zijn verantwoordelijkheid valt.

www.50minutes.com

Master ISBN: 9782808688956
Papier ISBN: 9782808610353
Wettelijk depot: D/2023/12603/1315

Omslag: © Primento

Digitaal ontwerp: Primento, de digitale partner van uitgevers.